LES DEUX JEAN

Jean Sénac, l'homme soleil

Jean Pélégri, l'homme caillou

CORRESPONDANCE 1962-1973

POÈMES INÉDITS

Textes réunis et présentés par Dominique Le Boucher

chèvre feuille étoilée Editions

éditions barzakh

“ *Aux poètes enfants et anges du monde.* ”

“ Monstres gracieux, cruels, terriblement mâles et androgynes, voilà l'idée que je me formais des anges, *des angles qui volent ;* avant que je n'eusse la preuve que leur invisibilité pouvait prendre figure de poème et se rendre visible, *sans risque d'être vue.* ”

Jean Cocteau *De la naissance d'un poème*
Extrait de "*Journal d'un inconnu* "

Introduction

Sur Jean Sénac* l'homme soleil, il n'y a rien à dire qui ne soit exprimé par les quelques mots du poème le plus prémonitoire qu'il m'ait été donné de lire, écrit par un homme vingt ans avant toute la violence qu'on allait lui faire :

> " Cet homme était juste comme une main ouverte
> on se précipita sur lui
> pour le guérir pour le fermer
> alors il s'ouvrit davantage
> il fit entrer la terre en lui ".

Ces vers extraits du poème " L'homme ouvert ", Paris, 1952, nous renvoient à chacun des recueils de Jean Sénac, car ils les contiennent tous. Amant du soleil vivant pour finir dans une cave, les lettres qu'il trace à l'intention de son ami Jean Pélégri, aussi tumultueuses que ses poèmes, sont la marque brûlante de son rêve d'Algérie, de son amour pour un peuple qu'il ne cesse d'imaginer grand et lumineux, de sa fraternité à l'égard des jeunes poètes, des femmes et des hommes de son pays et d'une terre réconciliée avec la lumière qui la dévore et la nourrit à la fois. Elles sont un message de tendresse renouvelée vers ceux qu'il appelle toujours : " les amis... " et desquels il ne cesse d'attendre un signe du fond de son silence.

Quant à Jean Pélégri** dont les lettres et textes publiés ici sont pour la plupart inédits, les notes qui suivent, qu'il a bien voulu me confier comme un clin d'œil de celui qui navigue entre mémoire et oubli, introduisent ce livre dédié à celui qui demeure le frère et " l'intercesseur ".

Mon désir était en réunissant ces témoignages d'amitié profonde et de poésie échangés entre deux hommes qui ont partagé la même ferveur de vie, de générosité et d'écriture, que les femmes et les hommes d'Algérie puissent avoir connaissance de ce rêve de beauté et de bonté, commun à l'homme soleil et à l'homme caillou debouts face à la mer, la mer, la mer...

---

* On peut trouver des " jalons biographiques ", ainsi qu'une bibliographie, des poèmes et autres textes inédits de Jean Sénac, réunis par Hamid Nacer Khodja dans le numéro inédit de la revue Algérie Littérature/Action qui lui est consacré, intitulé : *Jean Sénac Pour une terre possible...*, publiée en 1999 par les Ed. Marsa.

** On peut trouver une biobibliographie de Jean Pélégri ainsi que des extraits de ses principaux textes, des textes et poèmes inédits réunis par Dominique Le Boucher dans la revue n°37-38 d'Algérie Littérature/Action, intitulée : *Jean Pélégri l'Algérien ou Le scribe du caillou*, 2000, Editions Marsa.

LA VISION CRÉPUSCULAIRE

La vision crépusculaire… Puis des bribes d'images, des bruits, des paroles lointaines - qui semblent murmurer, toutes proches.

Puis une fois soulevé le drap blanc de l'amnésie, l'enquête, la traque des souvenirs perdus… Et peu à peu, comme s'il soulevait le drap blanc, *le drap mortuaire de cette mémoire*, des images, des éclats, des lueurs brèves, des bribes de paroles entendues – qui peu à peu se reconstituent…

Je sais peu de choses mais je me souviens encore de quelques paroles, confiées comme à l'oreille, et des visages lointains qui brillent toujours en moi.

Comme la bougie, monsieur Pierre, comme la bougie !

Allô, Allô, ne coupez pas. Il faudrait encore parler de ce peuple, de ce pays que j'aimais tant.

Prolonger son sommeil, se dit-il, - *prolonger son sommeil pour retrouver la lumière.* Et soudain une émotion intense - *liturgique*… … … … Il voit, il croit voir, sur une colline, les étoiles d'un autre monde et il entend au loin, quelque part, des voix filtrées par la brume.

Puis des bribes d'images, des bruits, des paroles lointaines - qui semblent murmurées. Toutes proches.

Et peu à peu, comme s'il soulevait le drap blanc, *le drap mortuaire de sa mémoire,* des images, des éclats, des lueurs brèves, des bribes de paroles entendues – qui peu à peu se reconstituent. Je sais peu de choses mais je me souviens encore de quelques paroles, confiées comme à l'oreille, et de quelques visages lointains qui brillent encore en moi. Comme des comètes, comme d'éphémères novas surgies de l'ombre. *Comme la bougie, monsieur Pierre, comme la bougie !*

Je n'arrive pas à savoir ce que l'enfance m'a laissé. Et pourtant elle ne cesse de vouloir me faire avouer ce qu'à la vérité je suis...

J'écris - et en écrivant je me remémore les souvenirs d'un autre... Dans une autre vie j'étais docteur dans un quartier populaire. Et ma femme, *l'innommée,* assistait tous les matins une sage-femme dans les bidonvilles et elle revenait, joyeuse, les bras chargés de gâteaux.

Allô, Allô, ne coupez pas. Il faudrait encore parler de ce peuple, de ce pays que j'aimais tant...

... QUI SUIS-JE ? Je ne veux pas le savoir

Et les yeux clos, comme une ombre qui s'avance dans la nuit, il fait semblant de ne rien voir, de ne rien entendre, comme s'il dormait sur un chariot en marche vers Alcor la mystérieuse étoile de la Grande Ourse.

Et pourquoi cette mémoire qui s'éloigne et qu'il s'obstine à refuser ?

Réponse : Je cherche le sentier qui me ramènera sur le chemin de la Nébuleuse.

J'éteins la lampe de chevet. *Parce que la nuit je sauvegarde ma peur.* Parce que comme le hibou nyctalope je vois mieux la nuit. L'OBSCUR la mélopée nocturne >>> 17 le requiem arabe 16 et sans raisons le *zerzour* (l'étourneau) qui virevolte dans la nuit.

Avant FIN - Des années après l'indépendance : le RETOUR *clandestin*

Derrière la haie de cyprès, la voix - une voix

Une fois soulevé le drap blanc de l'amnésie, il se souvient brusquement d'une phrase lue autrefois : *Sûr ce, me voici enfin en la mémoire, en ses terrains, en ses vastes entrepôts.* Saint Augustin *Confessions,* x/8.

Allô, Allô, ne coupez pas. Il faudrait encore parler de ce peuple, de ce pays que j'aimais tant…

Rien d'autre, mon amour, rien d'autre que cet amour.

Jean Pélégri
Janvier 2002

Dessin de Jean Pélégri
La tour de jean Sénac à Châtillon sur Diois en Septembre 1974

Jadis mon corps était une volière
Et le poème
Allait d'un groupe à l'autre
Porteur de pain, d'anis et d'oignons frais - la fête
Emplissait les terrasses

Jean Sénac

f. 27 sept 73. → Jour de Hansgal

Mort Jean S.

Plus envie de faire quoi que ce soit, pas même de vous écrire un mot. Jour et nuit son image, comme si j'avais été témoin. A quoi a-t-il songé pendant que le soleil le quittait. A sa mère, à l'Algérie, aux siens?

.. Nous voici mutilés. L'interlocuteur s'est retiré, le dépositaire des rêves et des mots de passe. Comme nous allons être seuls, désormais. Combien nous allons nous sentir séparés

Sept 73

Mort Jean

Plus envie de faire quoi que ce soit,
pas même de vous écrire un mot !
Jour et nuit son image, comme si
j'avais été témoin. A quoi a-t-il
songé pendant que le soleil le
quittait. A sa mère, à l'Algérie,
Aux deux ?
… Nous voici mutilés. L'intercesseur,
le dépositaire des rites
et des mots de passe s'est retiré. Comme nous
allons être seuls, désormais.
Combien nous allons nous sentir séparés.

SOLEIL DE NOVEMBRE

Ce que j'ai vu en arrivant dans ma patrie ce sont les yeux.
La Révolution a donné un regard à ce peuple.
Beauté de nos gosses à l'orée du jour !
Quelle certitude et pour nous tous quel pacte !
Voilà un devoir tout tracé : le bonheur de l'Homme à resti
aux hommes. Le bonheur, c'est-à-dire : le pain, le toit, le tra
l'instruction.
Soleil d'une impitoyable franchise.
Soleil dans le regard de tous !
J'avais rêvé. Ce peuple est plus grand que mon rêve.
Les plus beaux livres de la Révolution sont les murs de ma vill
« Nous ferons de l'Algérie le chantier de l'énergie populaire ».
Au-delà du cœur brisé.

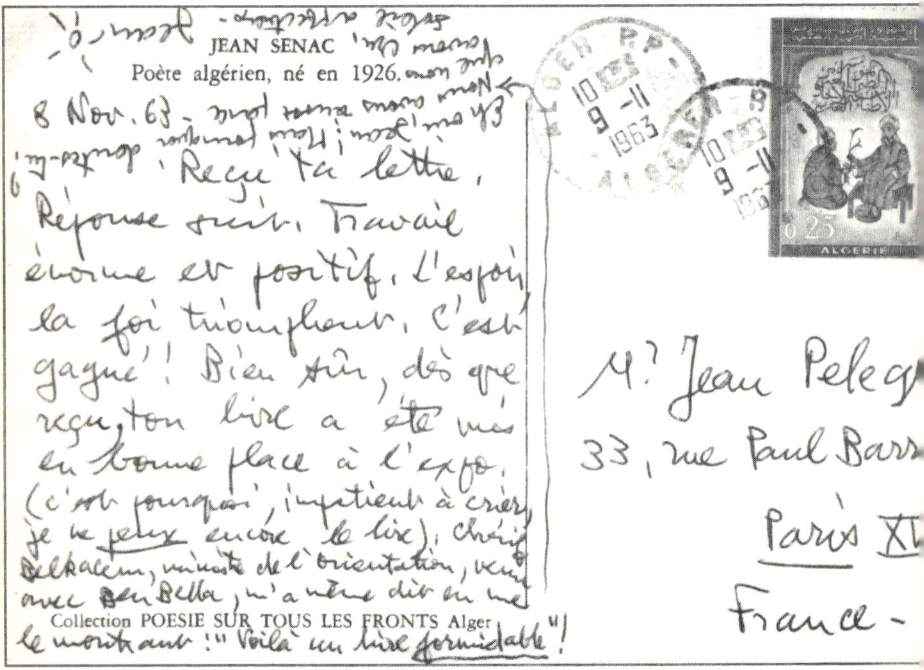
JEAN SENAC
Poète algérien, né en 1926.

8 Nov. 63 –
Reçu ta lettre. Réponse suit. Travail énorme et positif. L'espoir, la foi triomphant. C'est gagné ! Bien sûr, dès que reçu, ton livre a été mis en bonne place à l'expo. (c'est pourquoi, impatient à crier, je ne peux encore le lire). Chérif Belkacem, ministre de l'Orientation, venu avec Ben Bella, m'a même dit en me le montrant : " Voilà un livre formidable " !

Collection POESIE SUR TOUS LES FRONTS Alger

Mr Jean Peleg
33, rue Paul Bar
Paris XI
France –

8 Nov. 63 –
Reçu ta lettre. Réponse suit. Travail énorme et positif.
L'espoir, la foi triomphent. C'est gagné !
Bien sûr, dès que reçu, ton livre a été mis en bonne place à l'expo.
(C'est pourquoi, impatient à crier, je ne *peux* encore le lire).
Chérif Belkacem, ministre de l'Orientation, venu avec Ben Bella, m'a même dit en me le montrant :
“ Voilà un livre *formidable** ” !
Eh oui, Jean ! Mais pourquoi doutes-tu ?
Nous avons réussi parce que nous avons cru.
Soleil affectueux. Jean

* Il s'agit du *Maboul.*

Pour exposition Jean Sénac – Librairie Moati
"Les Abysses" 57 rue de Rennes 6e – 29.11 au 31/12/

Quand un homme a le pouvoir d'apporter LUMIÈRE
dans les ténèbres
de dénouer complications et ambiguïtés pour
rendre sensible l'ÉVIDENCE
de mêler vie et mort pour que VIE pèse
plus lourd
il a pour nom POÈTE
et, quand sous sa plume les mots de tous
les jours deviennent graine, sève, AVENIR
Il s'appelle JEAN

Au-delà des maladies, des races et des
frontières
il cueille des mots, rassemble des fruits
il définit une patrie
TRIOMPHANTE
où l'amour polémique.

DOULEUR, CACTUS de la Douleur
L'intercesseur s'est retiré, le dépositaire
des rites et des secrets
L'EXORCISEUR
Nous voici inutiles
... Reste le mot, tout simple, qui lui servait
de recours
PEUPLE
Peuple-visage, peuple-sourire, parole
Peuple-terrasse, peuple-rue, RIVAGE
PEUPLE-MÉMOIRE ET SÉPULTURE
SOLEIL!

Jean Pélégri

(Pour exposition sur J.S. – Librairie Paul Moati –

Ici commence, dans une halte de verdure, à mi-chemin entre l'orage et le sourire de l'accueil, ici commence ma lumière, avec la compassion, et peut-être la mort.
Jean Sénac

Quand un homme a le pouvoir d'apporter LUMIÈRE dans
les ténèbres
de dénouer complications et les ambiguïtés des apparences
pour rendre sensible l'ÉVIDENCE
de mêler vie et mort pour que VIE pèse plus lourd
il a pour nom POÈTE
et quand sous sa plume les mots de tous les jours devien-
nent graines, sève, AVENIR
il s'appelle JEAN
Au-delà des maladies, des races et des frontières
il cueille des mots, rassemble des fruits
il définit une patrie TRIOMPHANTE
où l'AMOUR polémique.

DOULEUR, CACTUS de la douleur
L'intercesseur s'est retiré, le dépositaire des rites et des secrets
L'EXORCISEUR
Nous voici mutilés
… Reste le mot, tout simple, qui lui servait de recours
PEUPLE
Peuple-visage, peuple-sourire, parole
Peuple-terrasse, peuple-rue, RIVAGE
PEUPLE-MÉMOIRE ET SÉPULTURE
SOLEIL !

Texte inédit écrit par Jean Pélégri en hommage à Jean Sénac pour une exposition sur celui-ci, se tenant à la Librairie Moati à Paris, du 29 novembre 1973 au 31 décembre.

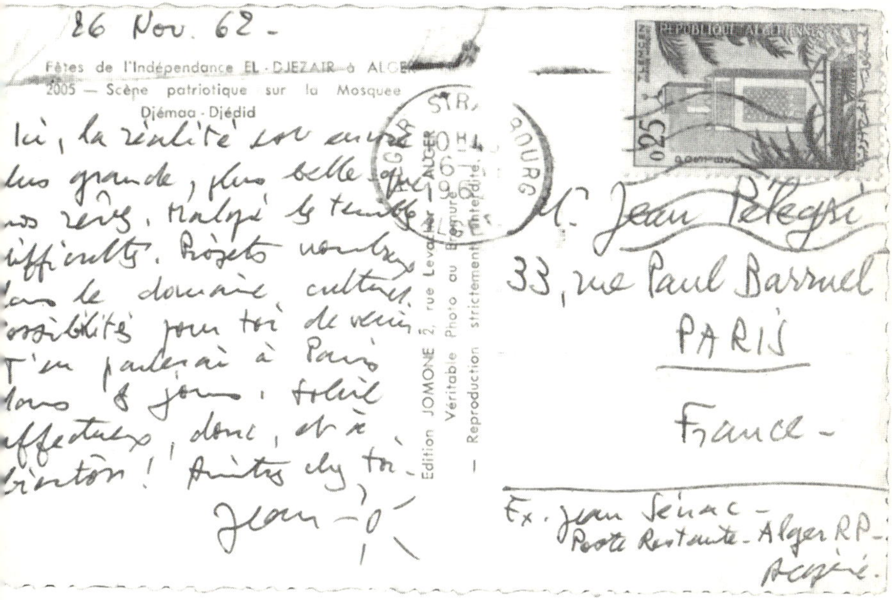
26 Nov. 62.

Fêtes de l'Indépendance EL-DJEZAIR à ALGER
2005 — Scène patriotique sur la Mosquee Djémaa-Djédid

Ici, la réalité est encore plus grande, plus belle que nos rêves. Malgré les terribles difficultés. Projets nombreux dans le domaine culturel. Possibilité pour toi de venir. T'en parlerai à Paris dans 8 jours. Soleil affectueux, donc, et à bientôt ! Amitiés chez toi.
Jean

Edition JOMONE 2, rue Levacher — ALGER
Véritable Photo au Bromure
Reproduction strictement interdite.

REPUBLIQUE ALGERIENNE
0,25

M. Jean Pélegri
33, rue Paul Barruel
PARIS
France

Ex. Jean Sénac — Poste Restante — Alger RP — Algérie.

26 Nov. 62

Ici, la réalité est encore plus grande, plus belle que nos rêves.
Malgré les terribles difficultés.
Projets nombreux dans le domaine culturel.
Possibilité pour toi de venir.
T'en parlerai à Paris dans 8 jours.
Soleil affectueux, donc, et à bientôt !
Amitiés chez toi.
Jean

Seul le sang couleur de nuit
la nuit odeur de haine
la haine couleur d'espoir

Ah, qu'il sera bon de nous souvenir
de cette vie antérieure plus tard
quand nous serons libérés du rêve

Quand nous ouvririons les yeux
sur les certitudes diurnes

Première partie d'un poème inédit écrit par Jean Pélégri en 1962

mai 62

à Cannes

Allusion à l'interview accordée à la Télévision après la projection le 22 mai 62 des "Oliviers de la Justice" à la Semaine de la Critique

Cher Jean –

Perdu dans une ferme de la montagne (chez mon Fils), vu hier à la télé des images de ton film. Et surtout écouté ces voix – les nôtres – qui ne cessent d'appeler l'espérance. J'avais les larmes aux yeux. Merci.

Appeler... et pourtant, vois-tu, l'espérance est LÀ. A nous de lui aménager son lieu. Malgré l'horreur momentanée.

Mardi, à Grenoble,

Voilà. Je serai dans quelques jours à Paris. Te ferai signe [illegible] hâte, ô Jean-de-la-Lumière !

où j'ai parlé à l'Assoc. G.le des Etudiants du "Poète Algérien et la Révolution". Bouleversant, tu cette chaleur, cette amitié de nos fois militants — étudiants mais aussi des gars des champs, des ouvriers — certains arrivés il y a quelques jours de chez nous et qui vont repartir.

Et après ce procès Salan, que penser... Je redoute les jours qui viennent et ne puis qu'y consentir. Le G.P.R.A. va être obligé de passer à l'action. Ça ne va pas être joli, joli. Mais il y a notre peuple à sauver, européens et musulmans, et la Révolution. Il va falloir que notre cœur se bronze sans se briser. Et attendre le vrai soleil. Mais ne pas désespérer. Je pense que dans 2 mois, bien des routes pourront s'ouvrir. Avant, puisque les autorités françaises ne se contentent que d'encaisser tous les saccages, il faut bien que notre

Je te dis cela parce que nous ne sommes pas encore (nous ne devons pas encore) rentrés, et qu'il va falloir dans la vigilance, conserver notre force d'AMOUR.

Lettre de Jean Sénac à Jean Pélégri datée de novembre 1962.

Exergue de la main de Jean Pélégri : " Allusion à l'intervention accordée à Camus à la télévision après projection le 22 mai 1962 des Oliviers de la Justice à la semaine de la critique. "

Cher Jean -

Perdu dans une ferme de la montagne (chez mon Fils), vu hier à la télé des images de ton film. Et surtout écouté ces voix - les vôtres - qui ne cessent d'appeler l'espérance. J'avais les larmes aux yeux. Merci.
Appeler... et pourtant, vois-tu, l'espérance est LÀ. A nous de lui aménager son lieu. Malgré l'horreur momentanée.
Mardi, à Grenoble, où j'ai parlé à l'Assoc. Générale des Etudiants du " Poète Algérien et la Révolution ". Bouleversant, surtout cette chaleur, cette amitié de nos frères militants - étudiants mais aussi des gars des champs, des ouvriers - certains arrivés il y a quelques jours de chez vous et qui vont repartir.
Et après ce procès Salan, que penser... Je redoute les jours qui viennent et ne puis qu'y consentir. Le G. P. R. A. va être <u>obligé</u> de passer à l'action. Ça ne va pas être joli. Mais il y a notre peuple à sauver, européens et musulmans, et la Révolution. Il va falloir que notre cœur se bronze sans se briser. Et attendre le vrai soleil. Mais ne pas désespérer. Je pense que dans 2 mois, bien des routes pourront s'ouvrir. Avant, puisque les autorités françaises ne se contentent que d'enregistrer les saccages, il faut bien que notre peuple se décide à nettoyer la maison.
Je te dis cela parce que nous ne sommes pas encore (nous ne devons pas encore) rentrés. Et qu'il va falloir dans la vigilance, conserver notre force d'AMOUR.
Voilà. Je serai dans quelques jours à Paris. Te ferai signe.
Je t'embrasse, ô Jean-de-la-lumière !
Jean Sénac

le 21 janvier 62.

Cher Jean Sénac.

… "Vous nous avez tendu quelques mots habitables" Nous en ferons notre demeure.

Merci pour cette forte escorte parmi les genêts et les signes — dans ce peuple exemplaire —

Grâce à vous — que nous nous nommions Jean ne sera pas pour eux un signe d'injustice —

Je viens de passer quatre mois en Algérie — Merci pour ce livre qui se termine par un mot qui semble aujourd'hui tiré des songes — le mot "heureux"! Nous ferons aussi de ce mot notre demeure —

Jean Pélégri

le 21 janvier 62

Cher Jean Sénac.

Vous nous avez rendu quelques mots habitables. Nous en ferons notre demeure.

Merci pour cette porte ouverte parmi les genêts et les signes - dans ce peuple exemplaire.

Grâce à vous - que nous nous nommions Jean ne sera pas pour eux un signe d'injustice.

Je viens de passer quatre mois en Algérie. Merci pour ce livre qui se termine par un mot qui semble aujourd'hui tiré des songes - le mot " heureux ". Nous ferons aussi de ce mot notre demeure.

Jean Pélégri

Alors je ne serai plus seul
Nos mains ouvriront heureuses la semaine
Et ce jour-là dominical
Je serai rumeur avec les autres

A dix heures le sable sera
chair tiède couleur de sable

Et à midi

A midi l'ombre sera
sourire heureux sur un visage qu'on boit
ombre conquête du soleil

Seconde partie du poème sans titre inédit écrit par Jean Pélégri en 1962

A l'occasion d'un des anniversaires de la mort de Jean Sénac, Mourad Bourboune écrit à la fin d'un de ses articles parus dans *Révolution Africaine* du 2 Octobre 1987 et intitulé " Jean Sénac : Yahia El Wahrani ", ces quelques mots soulignés en rouge par Jean Pélégri :

Par testament, Jean Sénac, Yahia El Wahrani, avait demandé qu'il fut enterré dans un " cimetière musulman ". L'un de ceux qui jalonnent la route qui mène à Sidi-Fredj, il n'en fut pas ainsi et on l'enterra dans un cimetière pied-noir aux environs de Baïnem.

Je forme le vœu qu'un jour, ses amis en longue cohorte, prennent sa dépouille pour aller la mettre en terre, dans un de ces cimetières marins où il reposera pour l'éternité à l'ombre fraternelle de l'Islam.

+ Châtillon-en-Diois,
15 mars 62 –

Cher Pélégri,

à la radio, l'ignoble nouvelle : ils ont assassiné notre frère Feraoun ! Cet homme était un juste, un mainteneur de liens. Comme nous nous sentons impuissants et démunis ! Et pourtant il faut répondre, inlassablement leur répondre, c'est-à-dire vivre. Vivre ! Afin que la demeure soit bâtie en commun. Et que nos gosses connaissent l'espoir, le vrai pain, le bonheur.

Avec Mouloud il faudra refaire "Forge", "Terrasses", rendre aux enfants de chez nous leurs écoles et le clair plaisir de l'enfance. Arriverons-nous jusque là ? Découragement à l'heure où tout n'est que sang et violence – et quel désordre mental dans nos rues, quelle horrible danse ! Pourtant, oui, il faut vivre (nous, oui, nous surtout), pour effacer, pour sauver, pour gagner.

Il fallait (je suis affreusement seul ici avec mon roman qui prolifère dans l'horreur et l'appel. Vers qui, bon Dieu ?) que je te fasse ce signe, que je prenne ta main. Tout cela est trop

[illegible] soleil malgré tout. Jean

[illegible] aussi à [illegible], j'écris, [illegible]

Châtillon-en-Diois,
15 Mars 62

Cher Pélégri,

A la radio,
l'ignoble nouvelle : ils ont assassiné notre frère Feraoun !
Cet homme était un juste, un mainteneur de liens.
Comme nous nous sentons impuissants et démunis !
Et pourtant il faut répondre, inlassablement leur répondre,
C'est-à-dire vivre.
Vivre !
Afin que la demeure soit bâtie en commun.
Et que nos gosses connaissent l'espoir, le vrai pain, le bonheur.
Avec Mouloud, il faudra refaire " Forge ", " Terrasses ",
Rendre aux enfants de chez nous leurs écoles
et le clair plaisir de l'enfance.
Arriverons-nous jusque là ?
Découragement à l'heure où tout n'est que sang et violence
- et quel désordre mental dans nos rues,
quelle horrible danse !
Pourtant, oui, il faut vivre
(nous, oui, nous surtout),
pour effacer, pour sauver, pour gagner.
Il fallait
(je suis affreusement seul ici avec mon roman qui prolifère dans l'horreur et l'appel. Vers qui, bon Dieu ?)
que je te fasse ce signe,
que je prenne ta main.
Tout cela est trop con.
J'écris aussi à Roblès. Je sais combien il aimait Mouloud.
Soleil Malgré tout.
Jean

Jean, Jean

tu fus la Parole

la Parole matinale qui ébroue les torpeurs et mobilise la flamme

Jean, Jean

tu fus mon frère et mon ami

ma seconde conscience

mon double et mon messager

mon intercesseur

Tu fus, tu es et tu étais

Et par toi subsistent, retournés,

les signes et l'écriture du pays de l'origine

la mer

la plaine natale

le soleil de midi

le peuple à la fois autre et semblable

Et aujourd'hui en cette tombe

Tu ES

Comme le frère qui prépare le passage et

qui attend

Jean Pélégri

Quand je serai mort, jeunes gens, vous mettrez mon corps sur la mer...
Vous comprendrez pourquoi ma mort est optimiste.
Jean Sénac

Jeudi 12/12 74

Cher Jean,
(...) Finalement nous avons fait faire la tombe de Jean de la façon la plus simple par le gardien du cimetière en prenant pour modèle les tombes kabyles d'un petit cimetière musulman qui se trouve à côté, mur de pierres sèches de 0m60 de haut environ, forme plutôt ovoïde que rectangulaire, dont j'ai remonté moi-même légèrement la tête, en accompagnant le mouvement.
Le 29 Novembre, jour de son anniversaire, Mireille, avec Hamid Nacer Khodja, a planté la tombe, absinthes, petits iris bleus, thym, romarin, géranium... dessus, entre les pierres, et en prolongement, ainsi qu'un petit figuier. J'ai demandé à Denis MARTINEZ, peintre ami de Jean, de faire une plaque de terre cuite carrée que nous mettrons au pied, scellée, avec cette inscription :

ICI
EST ENTERRÉ
LE POËTE JEAN SÉNAC

BENI-SAF 29 NOVEMBRE 1926
ALGER 1 SEPTEMBRE 1973

MARTINEZ doit me montrer la maquette, mais peut-être ferons-nous la plaque en pierre reconstituée, car je crains la fragilité de la terre cuite, bien que le rouge eut été beau. Que pensez-vous de l'inscription ? Je voulais absolument le mot " Poëte " et " enterré " me paraît préférable à tout autre.
Jean est probablement mort le 30 Août, mais les actes officiels portent le 1er septembre. J'ai beaucoup hésité, et je me demande s'il ne faut pas mettre 30 Août, mois solaire, qu'en pensez-vous, je peux encore faire modifier ? (...)

Extrait de la lettre envoyée par Jean de Maisonseul à Jean Pélégri le 12 décembre 1974 parlant de la tombe de Jean Sénac accompagné du dessin fait à la plume de sa tombe.

Jeudi 12/12/74.

Cher Jean,

votre lettre du 27 octobre n'est arrivée qu'hier, nous avons été heureux d'avoir des nouvelles, je voulais vous écrire depuis la rentrée, après avoir reçu votre dessin de la maison de Jean à Chatillon, puis la grive des Portes est arrivée.

Finalement nous avons fait faire la Tombe de Jean de la Façon la plus simple par le gardien du cimetière en prenant pour modèle les Tombes Kabyles d'un petit cimetière musulman qui se trouve à côté, mur de pierres sèches de 0m60 de haut environ, Forme plutôt ovoïde que rectangulaire, dont j'ai remonté moi-même légèrement la tête, en accompagnant le mouvement. Le 29 novembre, jour de son anniversaire, Mireille, avec Hamid Nacer Khodja, a planté la Tombe, absinthes, petits iris bleus, thuis, romarin, geranium... derrière, entre les pierres, et en prolongement, ainsi qu'un petit figuier. J'ai demandé à Denis MARTINEZ, peintre ami de Jean, de faire une plaque de Terre cuite carrée que nous mettrons au pied, scellée, avec cette inscription :

ICI
EST ENTERRÉ
LE PÖETE JEAN SÉNAC

BENI-SAF 29 NOVEMBRE 1926
ALGER I SEPTEMBRE 1973

MARTINEZ doit me montrer la maquette, mais peut-être ferons-nous la plaque en pierre reconstituée, car je crains la fragilité de la Terre cuite, bien que le rouge eut été beau. Que pensez-vous de l'inscription ? Je voulais absolument le mot "Poète" et "enterré" me paraît préférable à tout autre.

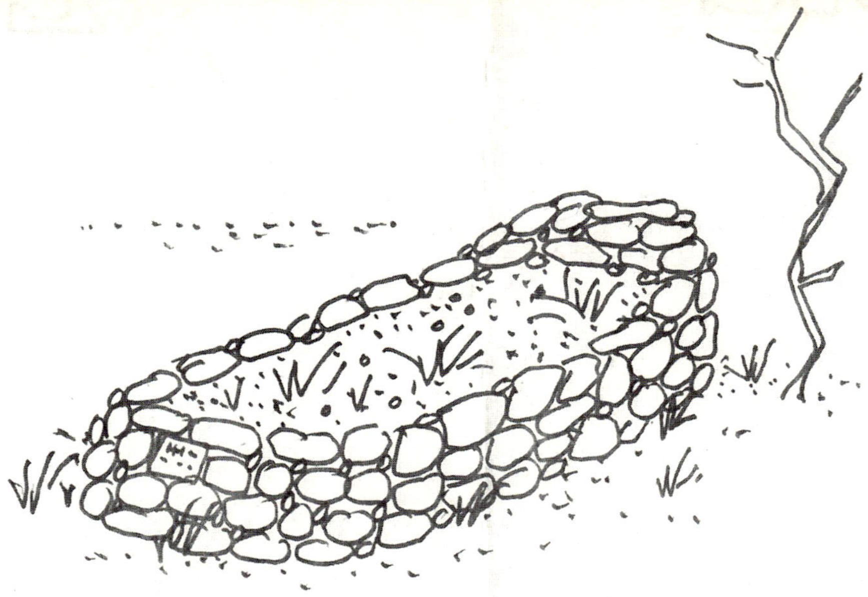

Jean de Maisonseul
12/74

Tombe de Jean
Inscription
au pied

Le souvenir

à Saïd

Ceux qui sont morts
n'ont pas de noms
Ils étaient fusils
Un peu de bois, un peu d'acier, et des balles

Mais tout l'avenir en sortira
Le bonheur le livre le chant
La vie quotidienne l'espérance
la liberté la patrie

Un peu de bois un peu d'acier
Planté en terre pour la moisson.

Poème inédit de Jean Pélégri - 1962

Dessin original BAYA

publication de l'"Anthologie de la Nouvelle poésie algérienne" ! Contre leurs couffins d'odeurs rachitiques, la poésie passe. J'ai vu

Dessin original BAYA

publication de l'"Anthologie de la Nouvelle poésie algérienne" ! Contre leurs coffins d'ordures lâchés, ques, la poésie passe. J'ai vu ici le Wali, mon vieil ami Hadj Yala, je reviendrai parler. A Alger, nous donnons des récitals (Sebti, Bey, Skif — un nouveau étonnant — de l'École Normale Supérieure — Hamid Tibouchi) — Et ce Bouabdallah "fou du peuple" (comme jadis ses ancêtres "de Dieu") d'ici ! [illegible]

Écris.

Je t'embrasse affectueusement -

Jean

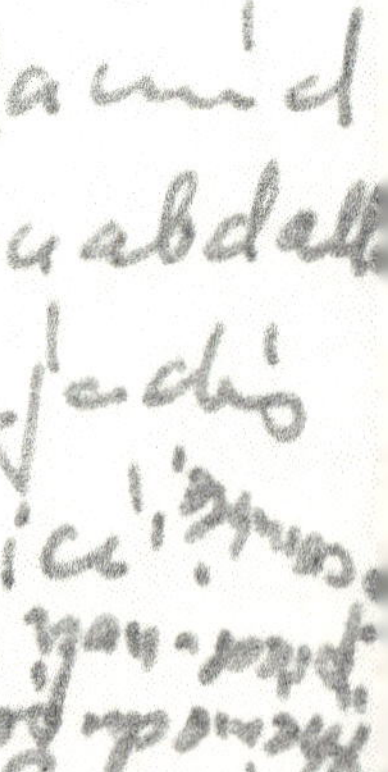

P.S. Ce matin à 8 h. à l'hôtel visite encore de 3 jeunes étudiants : un poète (un autre !), une fille (Nadjima) qui prépare un Mémoire [illegible]

Constantine - Le 24 Janvier 72 - Aïd-el-Adha

Mon cher Jean - Ici, où je viens présenter la nouvelle Poésie algérienne, tes " Paroles de la Rose " m'attendent.
Une jeunesse fervente, le peuple de Rhummel, ton poème,
L'accueil est fertile.
A l'arrivée, toi, après la causerie-débat
ce timide jeune homme qui me laisse un texte :
rentré à l'hôtel, je le lis*.
J'en ai encore l'esprit brûlé à vif, lacéré.
Quel hurlement fabuleux, du plus hardi transgresseur que l'Islam ait jamais connu !
La blasphémation la plus pathétique,
la plus fulminante, que le Monde arabe m'ait révélée.
J'en ai le souffle coupé !
Si ce garçon ne finit pas égorgé dans le gouffre,
il nous réserve quelques cratères de taille !
Miracle perpétuel de ce peuple.
Récompense de Constantine (" Zob de Dieu " chez Ben-Badis !).
Aujourd'hui les moutons bloquent la circulation en bramant " Abraham ! " Je file sur Annaba.
Ecris-moi. T'ai-je dit que mon émission à la RTA est interdite (M'hamsadji, Haddad, Taleb, inquisiteurs) : sanction contre la publication de l'" Anthologie de la Nouvelle poésie algérienne " !
Contre leurs couffins d'odeurs rachitiques, la poésie passe.
J'ai vu ici le Wali, mon vieil ami Hadj Yala, je reviendrai parler.
A Alger, nous donnons des récitals (Sebti, Bey, Skif - un nouveau étonnant - de l'Ecole Normale Supérieure - Hamid Tibouchi)
- Et ce Bouabdallah, " fou du peuple " (comme jadis nos ancêtres " de Dieu ") d'ici.
Ecris. Je t'embrasse affectueusement.

Jean

P. S. Ce matin à 8 h. à l'hôtel visite encore de 3 jeunes étudiants : Un poète (un autre !), une fille (Nedjma) qui propose un Mémoire de Maîtrise sur le thème du père, et un " pied-noir ". Je suis comblé.

* Il s'agit de Salah Guemich.

" La mémoire du peuple
est la Bibliothèque Nationale de l'Algérie "
Mohamed DIB

Je ne suis pas responsable de ce poème. Je l'ai composé, en effet, avec des phrases sorties de la bouche d'une vieille femme de ménage arabe, dont je parle dans "les Oliviers" : c'est elle qui m'avait poussé à écrire ce livre.

Elle était le peuple - le vieux peuple algérien avec sa douleur et son sourire. Elle était la poésie.

Je ne lui ai servi que de kateb, c'est à dire d'écrivain public. Assis à l'ombre d'un mur, devant ses plumes et son écritoire, il rédige sous la dictée de ceux qui ne savent pas écrire. Ensuite, comme le destin, il sèche l'encre - avec un peu de sable.

Elle serait heureuse, je crois, si elle savait que sa lettre est bien arrivée. Elle s'appelait Fatima.

Jean Pélégri

A toi, Jean, ces quelques paroles qui se seraient évaporées si un jour, un soir, tu n'avais eu l'idée de les faire lire par un troisième Jean.*

Sans cela, je n'aurais peut-être pas compris que l'important, contre la rose, c'est d'oublier sa propre parole pour entendre, pour pouvoir entendre celle de l'autre. Qui est donc bien plus important ...

Et donc sans toi, il n'y aurait peut-être pas eu ni le Maboul, ni le reste...et je serais restée ce que j'étais...sans la connaissance du jardin.

Jean

Alger, Centre Culturel français, janvier 1970

---

*Il s'agit de Jean de Maisonseul. Cette dédicace figure dans l'exemplaire du dépliant " Les paroles de la rose " déposé à la Bibliothèque Nationale d'Algérie, fonds Sénac. Ce poème est paru dans " *Les lettres françaises* " le 31 août 60.

Et maintenant nous chanterons l'amour car il n'y a pas de Révolution sans amour.

Jean Sénac

Les paroles de la rose

---------- +------------

Le soleil c'est pour le Bon Dieu
Et le feu c'est pour les soldats

Nous sommes tous fous, m'sieur Jean
Dieu nous a tout donné

La main pour caresser
Et elle sert à tuer

La grenade pour la bouche
Et elle sert à mutiler

La terre pour tapis
Et elle sert à enterrer

Pourquoi tout ça, m'sieur Jean ?
Pourquoi ?
Dieu nous a tout donné

L'arbre pour son ombre
Et il sert aux embuscades

Le couteau pour l'orange
Et il sert pour la gorge

La nuit pour reposer
Et elle sert à veiller

Nous sommes tous fous, m'sieur Jean
Si tu veux boire la mer
C'est la mer qui te noie
Quand Dieu te donne un fils
Ce n'est pas pour l'enterrer

+

Mais tu dois sourire, m'sieur Jean
Le sourire c'est pour les vieilles

Le sourire protège les vieilles
C'est leur voile de mariée
Nous avions une odeur de jasmin
Et maintenant regarde, m'sieur Jean
Regarde mes bras et mes mains

La main qui sert à caresser
Sert aujourd'hui à mendier

Nous étions rose, jasmin et lilas
Regarde ma bouche et mes cheveux

Le sourire protège les vieilles
C'est leur voile de mariée

Il ne me reste que mes yeux
Et c'est pour voir mon fils tué

Regarde la lune dans le ciel
C'est une branche de palmier

Regarde la-haut cette montagne
Regarde cet avion qui passe
Mon fils aussi l'a regardé

Le soleil pour le Bon Dieu
Et le feu pour les soldats

Quand Dieu te donne un fils
Ce n'est pas pour l'enterrer

+

Mais plus haut il y a un figuier
Et une eau qui ne tarit pas
Plus haut il y a un Jardin

Je vais mourir, m'sieur Jean
Regarde la lune qui se fend
Je vais mourir sans mon enfant

Mais il faut sourire, m'sieur Jean
Le sourire protège les vieilles

On va m'enrouler dans un voile
Et me coucher seule dans la terre

Il faut sourire, m'sieur Jean
C'est mon voile de mariée

Mais si tu marches dans un jardin
Pense à moi, m'sieur Jean
Pense à ta vieille Fatima
Elle a soigné ton enfant
Le sien elle ne l'avait plus

Quand Dieu te donne un fils
Ce n'est pas pour l'enterrer

Pense à moi et puis souris
Moi je serai dans le Jardin

Mais dis qu'que chose, m'sieur Jean
Dis qu'que chose toi qui sais lire
Dis qu'que chose pour que les autres
N'aient pas besoin de ce voile
Pour avoir sur terre un jardin

Constantine - 25-1-72

Jean, mets-moi un mot sur ton "petit livre" et renvoie-le moi à Alger. Merci !

Joyeux Aïd !!

Jean

-ô-

Au moment où sortira en France " Et alors et voilà " - ô Jean, toi, pourquoi n'écris-tu pas de poésie - encore - car celui-là (qui est bien sûr un petit miracle qu'on ne peut renouveler à l'infini...) ? S'il y a un vrai bonheur "pied-noir" (et j'aime beaucoup Brua, qui fut mon maître, tu sais...) c'est de ton côté qu'il est, avec "Le Maboul"

Je venais justement de te demander (Pierre Comte du CCF d'Alger) de revenir ici (pour ton nouveau livre - j'attends avec impatience). Ça serait bien.

Lettre de Jean Sénac à Jean Pélégri datée du 25 Janvier 1972

Constantine - 25 - 1 - 72

Jean, mets-moi un mot sur ton " petit livre " et renvoie-le moi à Alger. Merci

Joyeux Aïd 72
Jean

Au moment où sort en France " Et alors et voilà", ô Jean, toi, pourquoi n'écris-tu pas des poèmes - encore - comme celui-là* (qui est bien sûr un petit miracle qu'on ne peut renouveler à l'infini...) ? S'il y a un vrai honneur " pied-noir " (et j'aime beaucoup Brua, qui fut mon maître, tu sais...) c'est de ton côté qu'il est -, avec " Le Maboul".

Il serait question de te demander (Pierre Comte du CCF d'Alger) de revenir ici (pour ton nouveau livre - je l'attends avec impatience). Ce serait bien.

Affection.

---

* Jean Pélégri a noté au crayon dans la marge qu'il s'agit des Paroles de la Rose.

Je n'ai rien renié. Sur le rempart avec mon peuple, je maintiens une ronde jeunesse, comme du jasmin, pour le regard.

Jean Sénac

Et l'après-midi sera mer calme
longue croisière parsemée d'îles
dans un petit port d'arbres et filets
tout contre les maisons pareilles à lui
Le navire fait relâche
avec des branches dans les hublots

Jusqu'à ce moment où la brise du soir
marin pousse comme un ballon
d'enfant le soleil vers l'horizon.

Fin du poème sans titre inédit écrit par Jean Pélégri en 1962

UNION NATIONALE
DES
ECRIVAINS ALGERIENS
2,rue Larbi Ben M'hidi
ALGER

Alger,le 30 Avril 1963.

N° 50 / JS

Cher collègue, et ami très cher,

La réunion constitutive de l'Union Nationale des Ecrivains Algériens,dans le cadre d'une large Fédération des Arts et Lettres (comprenant entre autres l'Union des Arts Plastiques)aura lieu vers la fin du mois de Mai,sans doute le mercredi 29.Vous recevrez une convocation en temps voulu.

Dans l'immédiat,après la réunion de travail de la Commission Préparatoire,le 26 Avril dernier,il a été décidé d'envoyer à tous les écrivains algériens des formulaires détaillés en les priant de bien vouloir nous donner des renseignements personnels et leurs propositions sur la constitution définitive de l'Union.Vous trouverez à cet effet,ci-joint,3 fiches que nous vous prions de remplir et de nous renvoyer au local provisoire
AVANT LE 12 MAI 1963.

La Commission Préparatoire,réunie le mercredi 15 Mai à 18 h.,étudiera vos propositions et établira le texte définitif du Manifeste,des Statuts,et la liste des membres.Ces projets seront adoptés en réunion plénière constitutive fin Mai et remis à la presse en même temps que la liste du Bureau Exécutif élu.

Espérant que vous comprendrez l'importance de ce travail dans une nation en formation où l'écrivain, tout en défendant ses droits,doit définir ses rapports avec la Révolution,ses devoirs envers notre peuple,et entrer sans plus tarder dans la phase précise d'édification,

dans l'attente de votre réponse avant le 12 Mai,

je vous prie de croire,cher collègue,à mes sentiments les plus fraternels.

Pour la Commission Préparatoire,

Jean Sénac.

Ta lettre m'a empli de joie confiante ! Oui, arrive ! Écris. Je t'embrasse. Jean

Lettre de Jean Pélégri à Jean Sénac datée du 5 Mai 1963

dimanche 5 mai 63

Mon cher Jean.

Pardon pour ce long silence. J'étais plongé dans le livre dont je t'ai parlé. Il m'a dévoré. Ce fut un travail bien plus long que je ne pensais, et comme j'ai besoin de m'abîmer dans ce que je fais... Cela vient sans doute de l'Algérie. Quand il s'agit d'Elle (et tu le sais mieux que moi), il semble que l'acte d'écrire concerne tout l'être. Chaque phrase porte son poids de destin. Et l'on a besoin d'une expression totale.

J'ai une forme de récit, un style, un langage qu'il me fallait inventer pour que l'œuvre soit essentiellement algérienne. C'est sur les thèmes des " Oliviers ", le contraire de ces mêmes " Oliviers ", car tout est vu par le regard de l'autre - un peu, si tu veux, comme un " Embarquement du Lundi " (car c'est une description minutieuse et intime du paysage), mais entièrement algérianisée : la pensée comme la syntaxe.

Relire ensuite (si j'en ai la force) le troisième volet.

J'ai terminé hier - et ma première lettre est pour toi. Parce que je te dois beaucoup. Le poète, parce qu'il a le don d'évidence, est prophète. Nous romanciers, nous travaillons avec retard sur la réalité - dont nous devons donner un constat exact. Nous travaillons sur l'accompli.

Aussi me tarde-t-il de te revoir - pour recevoir un peu de ce " sulfure " dont j'ai besoin pour continuer.

J'ai besoin aussi de revoir l'Algérie. Il m'a coûté, crois-moi, de ne pas y aller plus tôt. Mais il fallait d'abord que j'écrive ce livre.

Chacun, en écrivant, prend conscience de ses possibilités et de ses limites. Je crois ne pouvoir être en définitive que le reflet de l'Algérie - dans sa réalité. C'est l'Algérie qui m'a fait - et qui me fera. C'est pour cela que je me réjouis que l'Algérie semble enfin devenir elle-même. Cela me libère du même coup de la vieille réalité.

J'espère donc pouvoir aller dans les prochaines semaines, et le plus vite possible, à Alger. Ma mère y vit toujours. J'aimerais bien, par la suite, y enseigner. Et continuer à écrire. C'est te dire combien sera important pour moi ce voyage.

Aussi j'espère bien t'y rencontrer - le premier. Maintenant que je n'ai plus ce livre à écrire pour me tenir compagnie, j'ai besoin de l'amitié.

Envoie-moi donc une petite carte pour me dire que tu m'attends.

Fraternellement.

Jean

Jeudi 6 Juin 63

écrit à Alger
pendant séjour pour
nous un [illegible] nous un
lycée algérien
J. Domon[illegible]

—

Mon cher Jean. Je suis heureux, heureux, heureux. Cela est venu peu à peu, jour après jour. Quand nous nous sommes rencontrés, cela commençait à peine. J'ai cependant, en pensant à toi, écrit ce petit poème de retour — que je te dédie.

Il y avait peut-être encore en moi des murs de doute, de méfiance. Je n'osai pas y croire.

C'est maintenant d'une évidence solaire. Je suis un fils de l'Algérie. Pour la première, ici, je me sens heureux. Jusqu'aux racines.

Je vais revenir en Algérie, pour la servir. Tout le reste ne compte plus.

Pour ce bonheur, et cette fois en pleine connaissance de cause, je veux te remercier. C'est toi le premier qui m'a aidé. Cela je ne l'oublierai jamais. Et si un jour, Jean, pour une raison ou pour une autre, j'ai l'air de ne pas m'en souvenir, rappelle-le moi. C'est pour moi que je te le demande.

Voilà ce que je voulais te dire avant de quitter Alger, pour un moment.

Merci, Jean, de m'avoir rendu le soleil.

Jean Pélégri

—

Nous mettrons nos sandales de marche. Nous progresserons vers l'Amour. Nous progresserons vers la Rose !

Jean Sénac

" Ecrit à Alger pendant séjour pour trouver un poste dans un lycée algérien. "

Jeudi 6 Juin 63

Mon cher Jean. Je suis heureux, heureux, heureux. Cela est venu peu à peu, jour après jour. Quand nous nous sommes rencontrés, cela commençait à peine. J'ai cependant, en pensant à toi, écrit ce petit poème du retour - que je te dédie.

Il y avait peut-être encore en moi de vieux murs de doute, de méfiance. Je n'osais pas y croire.

C'est maintenant une évidence solaire. Je suis un fils de l'Algérie. Pour la première, (sic), ici, je me sens heureux. Jusqu'aux racines.

Je vais revenir en Algérie, pour la servir. Tout le reste ne compte plus.

Pour ce bonheur, et cette fois en pleine connaissance de cause, je veux te remercier. C'est toi, le premier, qui m'as aidé. Cela, je ne l'oublierai jamais. Et si un jour, Jean, pour une raison ou pour une autre, j'ai l'air de ne pas m'en souvenir, rappelle-le moi. C'est pour moi que je te le demande .

Voilà ce que je voulais te dire avant de quitter Alger, pour un moment.

Merci, Jean, de m'avoir rendu le Soleil.

Jean Pélégri

Poème inédit de Jean Pélégri écrit en Mai 1963.

Retour à Alger

Des rues sans
mitraillettes
Un ciel sans
Hélicoptère

C'est la paix

Les rues rendues
au peuple du ciel
au soleil

C'est la justice

Chaque chose
retrouvant
son sens
sa racine

C'est l'anebdou
le commencement

Là où les murs
disaient : Tuez
il est écrit :
Donnez
Plantez

Là où coulait
le sang
pousse l'arbre

le sourire
Le peuple a retrouvé
Sa stature les hommes
Leur regard le géranium
son odeur

Car l'on sait
aujourd'hui
que l'arbre témoigne
d'un homme
que la forêt témoigne
d'un peuple
Témoignera

On disait Maison-Carrée
Cela semblait le nom
d'une prison
d'une maison d'arrêt
On disait Maison-Blanche

En pensant à Henri Kréa
On dit Dar-el-Beïda

Ed-dar c'est plus
qu'une maison
C'est une demeure

Les murs
les devantures
les façades
les murs et même les arbres
ont retrouvé
leur arabesque
le signe et
l'ornement

Les murs
et même les arbres
ont retrouvé
leur écriture

naturelle

Le géranium lui
n'a point changé
Avec ses étoiles
rouges
ou blanches
ses feuilles vertes
le géranium n'a pas changé
Il a seulement retrouvé
son odeur
L'Algérie n'est plus
cette bande
littorale
ce cordon de vignes
ces villes sans contrepoids

cet îlot en équilibre
que la mer
remuait

Des drapeaux s'agitent
dans la brise marine
C'est l'Algérie
guérie
qui retrouve
ses couleurs

La brise s'arrêtera
a dix heures
Elle reviendra
le soir

La mer n'est plus
ce lieu d'exil
ce lieu d'oubli

Elle a retrouvé
au bout du môle
son caractère
de frontière

naturelle

C'est la montagne
en creux
sa moulure

Toute l'Algérie dans le crépuscule
mauve
semble se souvenir

de son avenir

Car au fond
dans la brume
il y a
toujours

la montagne
le bastion
la grande Pierre
ancestrale
le lieu du sang
le lieu des sources
la grande Pierre
sans usure

Mais aujourd'hui
la montagne
répond

Aujourd'hui
on sait
même au bout du môle
qu'il y a
derrière
jusqu'aux sables
jusqu'aux silences
tout un pays occupé de moisson
tout un peuple qui s'invente

On sait

C'est l'anebdou
le commencement

Jean Sénac,
Villa Venezia
POINTE-PESCADE
(Alger)

unio
nationa
d
écrivai

artist
algérie

uneaa

Alger, 20 Octobre 63,

Un coup de vent, chez Jean, avec mille excuses (mais on s'était occupé de toi), pour te demander de m'envoyer (si possible par avion) ton MABOUL. Je suis impatient et heureux pour toi. Écri~~vez~~-moi longuement. Je te répondrai longuement aussi; j'ai tant à te dire.

Ici, on prépare, dans l'odeur des morts, le 1er Nov. et quand-même l'espoir. Plus gonflé que jamais. Je t'embrasse

Jean

Alger, 20 Octobre 63,

En coup de vent, cher Jean, avec mille excuses (mais on s'était occupé de toi), pour te demander de m'envoyer (si possible par avion) ton *MABOUL*. Je suis impatient et heureux pour toi. Ecrits-moi longuement. Je te répondrai longuement aussi :
J'ai tant à te dire.
Ici, on prépare, dans l'odeur des morts, le 1er Nov. et quand même l'espoir. Plus gonflé que jamais.
Je t'embrasse.
Jean

Jeunes gens ne demandez pas d'autographe au poète.
Il y a si longtemps que je n'écris plus au stylo mais à la bouche !
Mon soleil ? C'est le hérisson dans la vase dont on a tiré une à une toutes les pointes.
Je ne sais plus signer que d'un baiser avide.
Les mots dans mes doigts
Saignent. "

Jean Sénac

UNION NATIONALE
DES ECRIVAINS ET
ARTISTES ALGERIENS
Adresse provisoire
Librairie En - Nahda
2, rue Larbi Ben M'Hidi
A L G E R

Alger, le 29 Oct. 63 –

Villa Venezia
POINTE-PESCADE
(Alger)

Mon cher Jean,

en coup de vent, merci pour ta lettre. L'Union est née. Kateb (arrivé par surprise !), Ouzegane, Bourboune, Mammeri, Zakaria, Alleg, et vingt autres étaient là. Je t'enverrai plus tard les documents. L'article 7 des Statuts a été intégralement supprimé et le premier paragraphe de la p. 2 du Manif. (devenu Charte) = sur la cult. arabo-islam. Ce sera une Union libre et ouverte comme ce peuple. Voilà. Après l'été, avec

Je vais te copier, je t'envoie un poème d'amour (et de révolte) que je viens de terminer. Tu l'auras. Et ton livre ? Je suis malade de ne pas l'avoir encore (et ici on aurait voulu l'exposer ! ...

Encore - le merveilleux, ces gestes ...

Alger, le 29 Octobre 63 - Villa Vénésia POINTE-PESCADE

Mon cher Jean,

en coup de vent, merci pour ta lettre. L'union est née. Kateb, (arrivé par surprise !) Ouzegane, Bourboune, Mammeri, Zakaria, Alleg, et vingt autres, étaient là.

Je t'enverrai plus tard les documents. L'article 7 des Statuts a été intégralement supprimé et le premier paragraphe de la p.2 du Manif. (devenu Charte) = sur la cult. arabo-islam.

Ce sera une Union libre et ouverte comme ce peuple.

Voilà. Après l'été, avec l'air de la mer et le regard de nos enfants, leur certitude, j'ai au moins donné quelque chose de solide à mon peuple (et tout ce travail presque seul, sans un franc, sans bureau, sans téléph., sans voiture !). Je suis heureux, oui ! Un monde est ici en train de naître - et nous sommes présents et vivants de notre mieux.

Dîné ce soir avec Bourboune, Jean de M., M^{tre} Benabdallah (prést. d'Algérie-France), Ziani (de l'UGTA) et Jules Roy de passage - sa tristesse profonde, ce regard presque douloureux, cette accolade, c'est tout le drame de l'Occident ici !

Je crois qu'il sent qu'un monde s'écroule (celui de son enfance), mais perçoit-il ce monde qui naît passionnément ? (celui de nos certitudes - si tu avais vu ce Congrès des Fellahs, ces jeunes éducateurs de Guyotville, - et cette expo à cette heure que nous faisons pour le peuple et nos invités -. Voilà. Je voulais te parler un peu ; tout est si dur, si beau : j'y laisserai mes nerfs, ma peau, mais ça vaut le coup.
Je t'enverrai un vaste poème d'amour (et de révolution) que je viens de terminer. Tu l'aimeras, je crois.

Et ton livre ? Je suis malade de ne pas l'avoir encore (et ici on aurait voulu l'exposer ! j'exposerai tes " songes d'abdallah " aussi).

Envoie-le moi vite, sois gentil. Jules Roy l'a offert tout à l'heure à Benabdallah, et il en parle avec tant d'admiration et d'émotion ! De Maisonseul aussi est emballé. Et moi ? Ecris, va ! Je t'embrasse.

Jean

Texte de Jean Pélégri écrit en septembre 1975 à l'intention de la publication aux Editions Saint-Germain-Des-Prés, de *A - Corpoème* de Jean Sénac.

Stèle pour Jean Sénac

Quand survient entre les peuples le moment terrible et décisif du partage, très vite, entre ceux qui vivaient sous le même ciel, s'établit la haine, le sang, la coupure. Les mots se pétrifient, la tendresse s'oublie. Et ce qui fut bâti sur la violence se dissout dans la violence.

De l'incertaine vie antérieure, il ne reste plus, chez les uns et chez les autres, qu'un vague écho, lointain, que chacun dans son territoire cherche encore à retrouver, ici et là, dans les branches d'un arbre, le creux d'un fossé.

Puis bientôt tout s'efface, les cris, les appels, les conciliabules nocturnes, et le plus terrible des silences s'instaure : celui qui n'est même plus troublé par la haine. Le silence glacé de la séparation.

C'est ce que Jean Sénac n'a jamais voulu accepter.

Il fut de ces êtres dont le destin est d'errer, solitaires et joyeux, dans ce no man's land incertain qui sépare peuples et nations, le long de cette frontière de roseaux, à la fois redoutable et fragile, qui fait barrière entre les races, obstacle.

Pèlerin de l'impossible entre l'Orient et l'Occident, Janus toujours neuf et rebondissant, mais en même temps fidèle à chacun, il a osé franchir, et point seulement en esprit, mais de corps et d'âme, cette barrière toujours dressée, pour entrer dans le pays neuf de la guérison. Celui du Corpoème.

Entre sa mère, venue d'ailleurs, et l'épousée révoltée, il a, sans trahir la première, pris fait et cause pour celle qui s'exprime en d'autres signes et dans un autre langage, recommençant sans cesse sous nos yeux, malgré les racistes d'hier et d'aujourd'hui, cette traversée difficile - si bien qu'aujourd'hui encore, même mort - (lui la fulgurance) - il continue à nous héler, assassiné, de l'autre côté de cet ultime rideau - répétant inlassablement entre les feuilles, le mot qui gêne mais qui seul peut agiter les roseaux. Le mot : frère, frère.

Ecoutons sa voix, et ce mot, entre les branches nocturnes du poème.

Jean Pélégri

ALGER
C.213 — Le Port.

19.12.62
L'Algérie aux cent visages, pauvre et riche à la fois. Expo. russie. Quel un triomphe ! Et la joie d'embrasser Djamila Bouhired !
Jean

Pour une fois, je confirme Jean. [illegible]

PARRAINEZ LE VILLAGE KANGOUROU

Edit. ... JANSOL, 11, rue Croix d'Or CHAMBERY (Sav.) Reproduction interdite

REPUBLIQUE ALGERIENNE TLEMCEN 0,25

Mr & Mme PELEGRI
33, rue Paul Barru
PARIS XV
Seine

19. 12. 62

L'Algérie aux cent visages, pauvre et riche à la fois.
Expo réussie
Même un triomphe !
Et la joie d'embrasser Djamila Bouhired !

Jean

Pour une fois, je confirme Jean
Abdallah

Alger, 28.10.66.

Bien arrivé.

Soleil affectueux.

Jean

Amitiés à Mohamed.

Beauté de ce peuple.
Connerie "ambiante"
Mais tout en route
et l'Escargot possible
(à en être ébloui)

Etudiants vraiment fidèles
Riens et mieux poésie
en livre populaire
("Conte gardien")

pas les "classiques"
les "hermétiques"
y'a d'la [illegible]

Alger, 28 - 10 - 66

Bien arrivé

Soleil affectueux

Jean

Amitiés à Mohammed
Etudiants viennent publier tiens (" Ombre gardienne ")
et miens - pas mes " clairons ", les " hermétiques " !
Y'a d'l'espoir.
poèmes en livre populaire.

Beauté de ce peuple.
Connerie " ambiante "
Mais tout en route
et l'Escargot possible
(à en être ébloui !)

Texte écrit par Jean Pélégri et non publié à l'intention du Journal Le Monde, le 3 Octobre 1983, envoyé le 7 Novembre 1983 pour les " Actes du colloque Jean Sénac ".

A la suite des rencontres de Marseille sur Jean Sénac, on a pu lire différents comptes rendus dans la presse française. En particulier dans *Le Monde* du 30 septembre 1983. Sur certains points le compte rendu de ce dernier demande quelques précisions ou rectifications dont j'avais fait part au *Monde*, mais que l'on n'a pas jugé bon de publier. Elles me paraissent cependant importantes pour la vérité des faits et la mémoire de Jean Sénac.

1) Sans prendre parti sur l'aspect politique, qui n'est pas de mon ressort, je peux affirmer que pendant les premières années de l'indépendance, et qui correspondent à l'époque de Ben Bella, Jean Sénac fut heureux, magnifiquement heureux. Faits, lettres, documents , le prouvent. Il était non seulement considéré comme un Algérien à part entière, mais il représenta l'Algérie en différentes circonstances et l'université, la radio, lui étaient ouvertes.

Tout cela culmina, en collaboration avec Mourad Bourboune, Mouloud Mammeri et quelques autres, avec la double naissance de la revue *Novembre*, qui fit connaître une nouvelle génération d'écrivains, et de l'Union nationale des Ecrivains algériens ouverte aux différents courants et sans considération de race, de religion ou d'origine. Sur le plan de la création on respirait alors un air de liberté et ce n'est qu'ensuite que Jean Sénac rencontra, des tenants d'un autre pouvoir, méfiance, interdictions, et qu'on tenta de la marginaliser.

2) Dans le compte rendu par ce même journal de la déclaration de Tahar Ben Jelloun, une phrase, mise en relief, et citée hors de son contexte, me gêne. “ Les pays arabes, dit-il, sont en train tranquillement de ruiner la tradition créatrice de la poésie ”. Se borner à cette phrase, c'est simplifier le propos de Ben Jelloun, tenir pour négligeable la présence de jeunes poètes algériens à ce colloque et oublier la ferveur du peuple algérien pour toutes les formes de poésies, même les plus contestatrices.

D'autre part, parler de la “ brutalité des pays arabes ” à propos de Jean Sénac, dont on connaît la mort violente, c'est ouvrir la porte à un amalgame dangereux quand on sait le racisme militant qui s'exerce à nouveau en France contre les travailleurs immigrés et tout ce qui est arabe. Le lecteur mal informé, qui n'a pas lu *les Amandiers sont morts de leur blessure* ou *la Mort de l'Absent*, peut en conclure que les peuples maghrébins, et en particulier l'algérien, sont xénophobes et racistes. Exactement le contraire de ce que Jean Sénac a toujours dit. Il faut donc lever l'équivoque et distinguer entre ce qui relève des pouvoirs – et ce qui relève des peuples.

Ce n'est pas le peuple algérien qui a assassiné le poète. Jean Sénac était un de ses fils, et il l'est toujours.

N'oublions pas qu'il souhaitait, dans son testament, être enterré dans un cimetière MUSULMAN. Au milieu de ses frères.

Écris,

Pointe-Pescade, 17 Mai 67

Mon cher Jean -

Un mot rapide pa[r]ce que Fadéla M'Rabet me demande de transmettre une lettre à Mourad. Que fait-il ? où est-il ? Jadis on pouva[it] le contacter par

A. Herskovits, 2 Square Adanson, Paris 5e.

Puis-je te confier cette mission ? Peut-[être] le vois-tu (ou par Christian Bourgois) ? Merci.

Je me suis enfin libéré de l'Union. Tu as dû lire ma lettre brève dans "Jeune Afrique". L'assemblée générale a eu lieu [le] 6 mai. On a réussi à maintenir la candidature de Mammeri à la préside[nce] mais ça n'a pas été facile. C'était un triste et désolant spectacle qui m'[a] retiré le peu de foi qu'il me rest[ait] encore dans cette aventure. M'hamsadji en particulier a été répugnant d'op[portunisme] ... Devant la soutte "réaction[naire]"

balcon sur la mer. J'écris, j'écris, j'écris beaucoup. J'ai envoyé à Gallimard : "Avant-corps, précédé de Poèmes iraquiens". J'achève "L'île aux chardons" et "Le Bardo". Bencheikh explique mon œuvre aux prochains licenciés ès lettres. Alors ? Je vis. Je t'embrasse (et ta femme, le gosse, Julien, Abdallah !). Soleil affectueux. Jean.

Je n'étais pas né pour ces plaintes ni pour que
La rose se brise à mon chant. L'éclat
Du jour je le portais au poing - faucon nubile de mes rêves.

Jean Sénac

Ecris.
Pointe-Pescade, 17 Mai 67 -

Mon cher Jean -

Un mot rapide parce que Fadéla M'Rabet me demande de transmettre une lettre à Mourad. Que fait-il ? où est-il ? Jadis on pouvait le contacter par (adresse). Puis-je te confier cette mission ? Peut-être le vois-tu (ou par Christian Bourgois) ? Merci.

Je me suis enfin libéré de l'Union. Tu as dû lire ma lettre brève dans " Jeune Afrique ". L'assemblée générale a eu lieu le 6 Mai. On a réussi à maintenir la candidature de Mammeri à la présidence, mais ça n'a pas été facile. C'était un triste et désolant spectacle qui m'a retiré le peu de foi qu'il me restait encore dans cette aventure. M'hamsadji en particulier a été répugnant d'opportunisme. Devant la poussée " réactionnaire " n'a-t-il pas été jusqu'à demander si " Jean Pélégri était algérien " ? Je l'ai envoyé paître.

Quoique de mon côté j'aie a (sic) subir les assauts concertés du pouvoir, de Bennabi, d'Issiakhem, de Moknachi et de Kateb (ce dernier surtout qui va partout hurlant que je ne m'appelle pas Mohamed (sic) Sénac et que je ne suis pas algérien ! ?) La vie ici n'est pas facile. Nos intellectuels et les roquets - perroquets qui les suivent sont si férocement racistes et hargneux que sans le peuple et sa quotidienne réponse généreuse il y a longtemps que j'aurais cédé au désespoir. Mais je tiens bon, au rythme d'une jeunesse encore préservée.

J'ai tant à te dire. J'espère t'écrire un jour longuement - ou te voir. Mais pour le moment j'essaie ici de survivre - dans la misère et sous les crachats. J'ai eu la joie de voir et d'embrasser ma chère Maria Casarès. Mon ami Ahmed vient d'appeler son premier né Yahia (Jean). Des jeunes étudient mes poèmes et m'entourent. Alors, que je mange un jour sur deux... Rien n'est perdu, j'avance.

Ecris-moi. Mon livre tarde à sortir, mais d'ici un mois tu l'auras. Et Mohamed ? J'aurais été heureux de l'accueillir ici, mais peut-être a-t-il mieux valu qu'il en soit ainsi.

Embrasse-le bien fort. Je vais lui écrire. En attendant, j'ai relu son admirable " Ombre gardienne " et " Qui se souvient de la mer ". Ces livres m'aident à ne pas m'enfermer dans l'aigreur. Et puis, il y a mon balcon sur la mer. J'écris, j'écris beaucoup. J'ai envoyé à Gallimard : " Avant-Corps, précédé de Poèmes Iliaques ". J'achève " L'île aux chardons " et " Le Bardo ". Bencheikh explique mon œuvre aux prochains licenciés-lettres. Alors ? Je vis.

Je t'embrasse (et ta femme, le gosse, Julius, Abdallah).

Soleil affectueux.
Jean

Première partie du texte de Jean Pélégri
" Pour Actes des rencontres Jean Sénac "
Archives de Marseille. Ecrit le 22 Septembre 1983.

La mère et l'épousée

Pour être utile à sa mémoire et compléter son portrait, je voudrais proposer une réflexion sur un aspect de Jean Sénac qui, à ma connaissance, me paraît assez peu mis en lumière ou, quand il l'est, de manière le plus souvent négative. Elle portera sur l'origine, l'appartenance, l'identité, et elle concerne le débat qui s'était instauré en lui, comme en chacun des écrivains pieds-noirs, entre la mère et la justice, la mère et l'épousée - l'épousée étant en l'occurrence la nouvelle Algérie.

Il y avait en effet, chez Jean Sénac, plusieurs personnalités *possibles.* Comme le remarque Jean Déjeux, il porta plusieurs noms. Il s'appela Jean Comma jusqu'à l'âge de six ans, signa des textes et des poèmes sous les noms de Gérard Comma, Jean Comma, Christian Pérès et, plus tard, sous celui de Yahia EL Ouahrani, un nom arabe. Cette hésitation sur le patronyme est déjà significative ; et pour ma part j'ai éprouvé la même tentation de changer de nom au moment du *Maboul* et des *Monuments du Déluge*, la guerre d'Algérie ayant eu pour effet sur certains, quand ils l'ont vécue en douleur et profondeur, d'émietter la personne, de briser l'identité apparente et de provoquer chez quelques uns l'obscur désir, ou le désir avoué, de détruire le vieil homme et de faire naître en soi un homme nouveau, différent, puisque l'Algérie, notre patrie, était autre, nouvelle, indépendante.

A l'image de Jean Sénac, perpétuellement en train de reconstituer l'ébauche du père, nous étions les enfants d'une mère abandonnée, répudiée - puis remariée. C'était donc un itinéraire difficile, une mutation apparemment impossible, qui ne pouvait s'accomplir, en cette époque de violences entrecroisées, que par l'engagement militant - tel celui de Jean Sénac - ou par le détour et l'ascèse de l'écriture. Car l'écriture - le vocabulaire, la perspective choisie, la syntaxe et la forme de pensée qu'elle véhicule - est aussi une forme d'engagement et de mutation. Par elle on peut découvrir le sens d'un combat, l'autre côté des choses, l'envers de ce qui semble l'endroit, la réalité qui se cache derrière l'apparence.

Cette mutation, cette palingénésie, cette découverte d'une patrie nouvelle et plus ouverte, par quels chemins s'est-elle opérée chez Jean Sénac ? Je ne suis pas sûr que l'idéologie, chez lui, ait été toujours déterminante. Dans ses textes et poèmes, les mots de l'idéologie m'apparaissent souvent comme des termes rapportés, répétés en écho. Ainsi dans cette phrase, qui suscita tant de sarcasmes : “ Tu es belle comme un comité de gestion ! ”, le mot important, le mot révélateur, c'est, je crois, le mot *belle*. Il voulait également que les Algériens soient des “ citoyens de beauté ”.

C'est, dira-t-on, une idée de philosophe – ou de poète. Mais quand on sait que pour lui, beauté signifiait aussi fraternité, générosité, tendresse, amour, partage, quand on pense à la joie qu'a suscitée en lui l'élan et la prise de parole de mai 68, on peut se demander si dans l'ordre social, la beauté, telle qu'il l'entendait, n'est pas un critère recevable, un “ paramètre ” dont il faut tenir compte et dont les poètes, à l'image des citoyens, auraient la charge. On peut se demander si pour lui - comme pour Rousseau qui passe sans transition de la *Nouvelle Héloïse* au *Contrat social* - la cité, la patrie, ne sont pas à leur manière, des Corpoèmes. Cette analogie expliquerait peut-être l'idée qu'il se faisait de l'Algérie et de son peuple.

Il y a des pays qui, à tort ou à raison, proposent des exemples, des pays-phares qui pour un temps proposent aux autres peuples une image et un modèle - qui peuvent n'avoir que peu de rapports avec leur réalité. Ainsi encore, parfois, le mot FRANCE, synonyme de liberté et d'accueil ; ainsi le mot CUBA - alors que Ché Guévarra est mort. Ainsi le mot ALGÉRIE - alors qu'il y a *Dérisions et Vertige*, ce dernier texte, qui m'a rappelé les teintes sourdes du *Torrent de Baïn*, poème de l'exil, cet ultime texte où le poète, désespéré, en arrive à interroger la machine à écrire, le clavier Azerty, ou à proposer le silence d'une page blanche pour que le lecteur écrive la réponse que le poète, lui, ne peut plus donner.

Terrible finale, terrible envoi de la ballade d'un frère assassiné. Mais s'il y a Dérisions, Vertige, s'il y a colère, déception, douleur, silence et mort, c'est bien parce qu'au-delà, il y a le mot ALGÉRIE, qui reste, qui demeure. Pour ceux qui sont ses fils. Ce mot en sept lettres qui brille en nous tel le chandelier. " Je n'ai rien renié ", écrit-il dans le poème " Redent " dédié à Rachid Boudjedra et à Mourad Bourboune, le compagnon des heures heureuses dans l'Algérie indépendante.

Je n'ai rien renié. Sur le rempart avec mon peuple,
Je maintiens un brin de jeunesse, comme du jasmin, pour le regard.
Ne soyons pas aveugles, allons. Ce n'est pas la torche de joie,
Mais il y a tout de même à l'horizon
Une rougeur.

Pour ceux qui l'ont connu, c'était cela Jean Sénac, cette espérance entêtée, ce *todo* qui ressurgissait perpétuellement du *nada*. Aussi, pour nous, l'homme comptait au moins autant que l'œuvre. Il était l'ami, le frère, mais aussi l'inventeur, l'intercesseur. Pour ma part, et peut-être parce qu'il se prénommait Jean, il m'apparaissait également, là-bas, en Algérie, comme le double de moi-même, l'alter ego, celui qui parlait en mon nom et au nom des miens.

La Pointe, 8 Oct (1967)

+ mort 21 sept 73

Mon cher Jean,

merci pour ton beau livre. Je l'ai immédiatement dévoré. Et tu devines quels secrets sentiers il a pris pour imposer caillou et rose au cœur. C'est une grande (toute) œuvre. Avec toi, j'ai marché à flanc de gouffre. Mais ici, face à la mer, de mon balcon sur le sable sur les corps, vers un corps tôt ne cherchant plus : souffrant — et de plus en plus. Mais ton livre, et ta douleur, et ton aveu, et ta certitude du moment-face, après. Merci ! [illegible]

J'arrive à Marseille le 12, puis je vais à Rodez pour signer mon Service de Presse, et enfin à Paris vers la fin du mois. Je te ferai signe. Gallimard va publier mon "Avant-Corps", précédé de "Poèmes [illegible]". J'ai beaucoup travaillé. Et toi, encore, et Mohamed, et Julien ? [illegible] Jean

Peux-tu faire envoyer ton livre à : (BOULANOUAR El-Hadi, 17, rue Marcel Sintès - HYDRA (Alg.)) ton livre à HOUNACI Ahmed, [illegible] rue Camille Douls, Bab-el-Oued - Alger ; ton "Réveil Africain" ; ton livre Radio

La Pointe, 8 Octobre 1967

Mon cher Jean,

Merci pour ton beau livre*. Je l'ai immédiatement dévoré. Et tu devines quels secrets sentiers il a pris pour imposer caillou et rose au cœur. C'est une grande (route) œuvre.

Avec toi, j'ai marché à flanc de gouffre. Mais ici, face à la mer, de mon balcon sur le sable, sur les corps, vers un Corps Total, ne cherchant plus : Souffrant - et de plus en plus. Mais ne cherchant plus. Et avec la joie quand même, encourageante et louette. Car je crois, enfin savoir, et j'ai accepté. Celui qui doit venir - dans mes vertèbres - vient déjà, chaque jour et jusqu'à cette mort où j'espère n'être plus qu'un Os propre. L'Os-Rose-Ame-Juste. Juste, n'ayant donc pas à être justifié. Si péché il y a, j'ai déjà trop payé. Je marche, comme Jacob boitant, avec la plaie en forme de Noûn à l'emboîture de la hanche (de l'âme). Mais j'ai lutté, j'ai vu l'Homme. Et je crois que moi aussi j'ai gagné.

Mais ton livre, c'est vrai, va au-delà, avec tout le Tiers-Monde et la bombe et notre Hiroshima de dedans. Mais là, est-ce que celui qui a accepté (sachant l'horreur du prix, le temps, le sang) n'a pas déjà atteint et réduit en lui les cercles au noyau vif ? Jean, il faudra parler de tout ça, parler, parler - mais je suis heureux d'avoir lu ton livre, et sa douleur, et ton aveu, et ta certitude du moment-paix, après. Merci.

J'arrive à Marseille Le 12, puis je vais à Rodez pour signer mon Service de Presse, et enfin à Paris vers la fin du mois. Je te ferai signe. Gallimard va publier mon " Avant-Corps, précédé de Poèmes Iliaques ". J'ai beaucoup travaillé. Et toi, encore, et Mohammed, et Julius ?

A tous mes amitiés. Et pour toi et les tiens, mon cher Jean, un grand soleil affectueux.

Jean

---

*Les monuments du déluge

Poème inédit sans titre écrit par Jean Pélégri en 1962

S'il y a un Dieu, pensais-je autrefois
S'il y a un Dieu, je lui dirai

Je lui dirai : je veux
Un jardin pour mon silence

Mais aujourd'hui je dis
S'il y a un Dieu je lui dis :
Son silence doit résonner d'une lointaine rumeur
Celle que j'entends monter des rues d'Alger ma demeure

Et moi s'il y a un Dieu
Je serai l'écho de cette rumeur
La parole de ce jardin.

Texte de la lettre de Jean Sénac à Jean Pélégri écrite le 5 Décembre 1968 depuis Alger.

2, rue Elisée Reclus - Alger.
5 Déc. 68.

Mon cher Jean,

Un grand soleil pour ton " Slimane " ! Je suis heureux que tes porteurs de racines éclairent les grisailles de là-bas.

Ici, j'ai dû quitter mon balcon sur la mer. Je vis dans une cave - Mais la mer est l'ordalie des corps ! Et le constant combat à mener pour maintenir un peu de clarté dans ce tunnel de ronces.

Jean Négroni est venu nous parler de Lorca. On espère Dib. Pourquoi ne viendrais-tu pas toi aussi nous parler au Centre Culturel Français ? Par lui, tu toucheras de nombreux jeunes à Oran, Tlemcen, Annaba, Constantine, Alger. Qu'en dis-tu ? Tu devrais venir.

Et Mourad ? J'ai su qu'il avait remis un livre pour Moi à un copain mais je ne l'ai pas eu. Peux-tu m'en faire envoyer un par Bourgois ? Merci .

Excuse-moi pour " Avant-Corps " mais je n'ai pas fait de SP ni d'envois aux amis. Je sais, c'est une immense connerie. Personne ne parlera de ce livre. Mais j'étais dans un abîme de soleil, parmi les bagues de mon sang (Je t'enverrai un petit recueil qui va sortir ici, tu comprendras). Je vais essayer de rattraper ça. Si je peux, dans quelques mois, en venant à Paris. Mais…

Sois gentil, passe prendre ce livre chez Gallimard (demande-le à Odette Laigle sur mes exemplaires d'auteur - que je n'ai même pas réclamés ! et pourtant c'est mon meilleur livre - et je suis sûr qu'il te touchera).

A part ça, ici radio, télé, tournées de conférences (le sommet pourri, mais la base, la jeunesse bouleversante d'interrogations).

Voilà, Jean. Encore M… M de soleil pour " Slimane ". Ecris-moi !

Je t'embrasse. Jean 

Deuxième partie du texte de Jean Pélégri
" Pour Actes des rencontres Jean Sénac ".
Archives de Marseille. Ecrit le 22 Septembre 1983.

Dans cette longue épreuve que fut la guerre d'Algérie, si cruelle pour le peuple algérien, dans ce déchirement final qu'elle fut pour ceux de ma communauté, nous avions besoin, les uns et les autres, pour éviter l'émiettement et la fracture, d'avoir ici et là, de part et d'autre de la mer, des envoyés, des répondants, et entre les écrivains d'origine européenne se sont souvent opérées de tacites procurations, d'obscures délégations. Comme si en cette épreuve, et sans que la chose fut dite, chacun avait un rôle précis à jouer, un emploi délimité. Si bien que dans cette tragédie, qui avait pour nom l'Algérie, où les thèmes débattus concernaient la mère et la justice, les territoire, l'appartenance, et où chacun était en quelque sorte le garant de l'autre, on pourrait établir, de Camus à Jean Sénac, la distribution des rôles et la répartition des personnages.

C'est sans doute avec Jean Sénac que j'ai le plus fortement éprouvé ce sentiment de procuration et de délégation ; et ce sentiment subsiste, malgré la mort, malgré l'absence. C'est pourquoi il m'en coûte d'en parler. Il me semble que ce sont des choses qui ne peuvent se dire que dans le silence de l'amitié. Si je m'y résous, c'est pace qu'il faut que certaines choses soient dites, pour que le portrait soit total. Il me semble, en effet, et cette proposition étonnera certains, habitués aux classements confortables, que Jean Sénac, dans nombre de textes directement ou en filigrane, exprime dans son langage solaire la part cachée et refoulée des Pieds-Noirs à l'égard des Algériens, la part non dite, avec tout ce que ces relations comportaient d'appels, de transferts, de mimétismes, de rejets ambigus et d'attirance manquée.

Aussi peut-on espérer qu'un jour, un chercheur, quittant le plan des analyses globales, massives et simplificatrices, étudie avec des outils plus subtils, à partir de Jean Sénac et en s'appuyant sur une psychologie des profondeurs, ces échanges complexes qui s'opéraient sous le discours apparent.

Bornons-nous aujourd'hui à rappeler brièvement ce qu'il attendait et espérait de sa communauté d'origine quand il s'adressait à elle, avec une véhémence pathétique, pour lui parler de l'Algérie dont il rêvait. Il rêvait, et je ne crois pas forcer sa pensée, d'une Algérie ouverte, multiple, où dans une nation enfin délivrée du colonialisme et indépendante, diverses communautés auraient pu vivre, échangeant leurs valeurs et leurs tropismes. En cela il s'appuyait sur des textes publiés par le FLN et regroupés ensuite dans la brochure *Tous Algériens.*

“ La Révolution algérienne, y lisait-on, est une marche en avant dans le sens historique de l'humanité, c'est la lutte pour la renaissance d'un Etat algérien sous la forme d'une république démocratique et sociale, garantissant une véritable égalité, sans discrimination, et non la restauration d'un féodalisme ou d'une théorie révolus. L'Algérie libre et indépendante, brisant le cloisonnement racial fondé sur l'arbitraire colonial, développera sur des bases nouvelles l'unité et la fraternité de la Nation algérienne dont la renaissance fera rayonner la resplendissante originalité. ”

A ce texte de 1955, Jean Sénac ajoutait : “ A vivre ensemble, sans barrières, nous nous connaîtrons mieux. A mieux nous connaître, nous nous aimerons. Et il concluait : “ Frères pieds-noirs, il y a de la place pour vous… Je ne délire pas. Je l'écris parce que je le crois. ”

Vous savez ce que l'histoire a fait de cette espérance. Vous savez d'où sont venus les refus, les humiliations, les violences mais aussi, de l'autre côté, les dérobades, les alibis. Disons simplement que Jean Sénac, entre la mère et la justice, n'a pas voulu choisir. Il a voulu à la fois, et jusqu'au bout, la mère et l'Algérie, la mère et l'épousée, sans se douter qu'un jour lui serait retourné, par certains qui n'étaient ni le peuple ni la jeunesse, le mot terrible, le mot définitif de gaouri.

Ce rêve, une première fois brisé, il l'a repris en d'autres occasions. Particulièrement à la naissance de l'Union des Ecrivains et Artistes algériens. Là aussi, avec d'autres, il voulut une union ouverte, tournée vers l'Algérie, mais sans ségrégation. Seuls les textes comptaient, et non la race, l'origine ou la religion. Il suffit pour s'en convaincre de lire les statuts de l'Union et les premiers numéros de la revue Novembre. Nous étions loin, alors, de la solitude et de l'ostracisme qui allaient suivre et que Jean Sénac ne put supporter que par l'audience qu'il avait conservée auprès de la jeunesse algérienne et des jeunes poètes. “ Ces poètes, écrivait-il, essaient de maintenir une image réelle de la nation à son heure critique… ” “ Et déjà, ajoutait-il, d'autres voix percent dans la rocaille.”

Pour le gaouri, c'était déjà une consolation. Mais il en est une autre, inattendue, dont je voudrais vous dire un mot. Par le détour, elle concerne encore Jean Sénac. Ces derniers mois, j'ai reçu des lettres d'un certain nombre de Pieds-Noirs – excusez le terme, mais il est le seul à définir notre identité – pour qui l'Algérie reste la source de référence, le territoire des racines, le lieu où il faut retourner. Ces messages n'émanaient pas seulement des hommes et des femmes des générations les plus âgées, qui le plus souvent, à l'égard de l'Algérie, vivent dans le souvenir, le regret, dans ce que j'appellerai la nostalgie andalouse, telle qu'on la retrouve dans une des formes majeures de la musique algérienne. La plupart émanaient de jeunes qui, en raison de leur âge, avaient à peine entrevu la guerre d'Algérie, le fait colonial, et pour qui l'indépendance de l'Algérie est la chose la plus naturelle du monde. C'est à cette Algérie qu'ils s'intéressent.

Certains opèrent à titre individuel : ils voudraient trouver là-bas un travail, ou plus exactement un emploi, un rôle, au milieu de la nation algérienne ; quelques-uns écrivent, et j'ai lu plusieurs manuscrits qui relatent ce retour aux sources, ce pèlerinage des origines, cette reconquête d'une identité perdue. D'autres se regroupent. Ainsi plusieurs universitaires, sous la direction de Georges Morin, éditent une revue, *Grand Maghreb*, dont le titre définit l'axe de recherche. D'autres, dont le nombre semble grandir, vont plus loin : ils ont créé un mouvement pour l'Algérie nouvelle, qui se dissocie des associations passéistes, éditent un bulletin, *Exil*, et militent pour le retour dans la nation algérienne. Etrange, n'est-ce pas, qu'une génération qui n'a pas connu Jean Sénac, et qui ne l'a peut-être pas lu, en arrive à parler comme lui, au-delà des années, et malgré l'Histoire ?

Utopie, réalité, je ne sais. On voit les montagnes d'obstacles ; et il y a toute chance pour qu'ici et là, une telle déclaration d'intention attire ironie, sarcasmes. Jean Sénac aussi les a connus. Cela prouve en tout cas qu'entre Algériens et Pieds-Noirs, sous l'histoire apparente - la cruelle - reste et subsiste une histoire souterraine, faite d'appels, de conciliabules, d'échanges. Et sur ce point, frères, personne ne pourra nous priver de mémoire et d'espérance - ni vous, ni nous.

De toute façon, entre nous et pour nous tous, reste et demeure Jean Sénac. Mort en septembre 73. Enterré non loin de la Pointe-Pescade. Au bord de la mer. Sous son soleil.

Jean !

Passage des Chimères de la Tunisie "aux Dossiers de l'Écran" le 20.10.69

Alger. 24 Oct. 69

Mon cher Jean,

Des amis m'écrivent de Châteauroux au sujet de ton émission télé. Ils ont enregistré sur magnétoph. la discuss. Je l'écouterai donc bientôt. J'arrive vers Nov. Tu as dû recevoir mes petits bouquins. Vois. tu [illegible] Ci-joint 2 trucs à transmettre à Mouloud. Merci. et à bientôt. Amitiés à ta femme. Et à toi, mon salut le plus affectueux. Jean

A peine toi ma liberté
Amère comme le laurier-rose
A peine un lit de seigle
Où tenter l'avenir

Jean Sénac

Alger - 24 0ct 69

Mon cher Jean,

Des amis m'écrivent de Châteauroux au sujet de ton émission télé*. Ils ont enregistré sur magnétophone la discussion. Je l'écouterai donc bientôt.

J'arrive vers Nov. Tu as dû recevoir mes petits bouquins. Vois-tu Dib ?

Ci-joint 2 trucs à transmettre à Mourad.

Merci et à bientôt. Amitiés à ta femme.

Et toi, mon soleil le plus affectueux.

Jean

---

* Passage des Oliviers de la Justice aux Dossiers de l'Ecran le 20 Octobre 1969.

Suite et fin du texte inédit de Jean Pélégri
sur Jean Sénac et lui-même à Paris

Tes amis souvent postés en dédicace au bord de tes poèmes en témoignent. Ils ne manqueront jamais le rendez-vous de ta mémoire.

“ Les camarades viennent avec des briques fraîches
la première rose apparaît
sur le corsage
à la fenêtre
au bleu gazon de la mémoire. ”

Qu'il s'interroge sur le “ *Diwan du môle* ” ou jette son “ *Soleil sous les armes* ”, Jean Sénac ne s'arrêtera jamais que dans le cœur de ses amis.

Fils indocile de Camus, compagnon des “ POÈMES ” pour René Char, il se montrera soucieux de donner un asile à son œuvre ; c'est le devoir du Père.

Mais cet enfant toujours ressemble au père et nous retrouvons le fugueur caché dans les replis d'une nappe en papier. Prêt au voyage sur le dos d'une enveloppe, clandestin sur un ticket de métro.

Jean qui s'y connaît en logeur lui trouve toujours un toit : *ESPRIT* ou les *CAHIERS DU SUD*. Mais l'enfant ne s'attarde pas. L'enfant s'enfuit chez SUBERVIE militer en faveur de ses frères. Il campe à *EL MOUDJAHID*. Mélancolique aux éditions RELACHE, il médite sur les bords du torrent du Baïn.

Mais qu'importe les chronologies ! Les chambres des Revues, les Hôtels Gallimard ou le sympathique atelier de la LIBRAIRIE SAINT-GERMAIN DES PRÉS.

Cette œuvre effleure les lèvres de ceux qui la découvrent. Une œuvre authentique. Probe. “ **Ouverte comme la main du juste** ”.

Elle est le Soleil de Jean. Son pas dans les genêts. Son rire dans la chambre gaie.

Elle est ce livre qui nous accompagne. La parole de l’ami que tourmentaient les mots. Qui découvrait le Verbe dans ses orties de chair.

O FACE PAVÉE DU PÈRE. UN FILS EST MORT. RUE ÉLYSÉE RECLUS. LE TRENTE AOÛT 1973 À ALGER.

2, rue Elisée Reclus.
Alger.

Alger, le 28 Mai (45)

Mon cher Jean,

Avant de devenir biologiquement fou, vite ce mot pour te demander de remettre — si possible d'urgence — à Jean et Michel Breton — le manuscrit de "(A)", car Julien m'écrit que c'est toi qui l'a (avec les "grotesques" — mais ah ! ne le donne pas à des gens de théâtre — c'est mon dernier manuscrit, de

x Librairie Saint-Germain — 184, Bd S. G. des P.

2, rue Elisée Reclus
Alger

Alger, le 28 Mai 73.

Mon cher Jean -

Avant de devenir biologiquement fou, vite ce mot pour te demander de remettre - si possible d'urgence - à Jean et Michel Breton - le manuscrit de " A ", corpoème.
Julius m'écrit que c'est toi qui l'a (avec les " grotesques " - mais ah ! ne le donne pas à des gens de théâtre - c'est mon dernier manuscrit, des dizaines, ouêh, circulent chez ces gens-là, perdus, oubliés. Renvoie-moi ceux-là précieusement, je n'ai que ceux-là. Et pas un ici avec moi). Jean, je compte sur toi pour " A " à St. Germain - avertis-moi, que je leur écrive. C'est pressé. Merci frère - et pour mes grotesques ici.
Ça va mal, mal, et bien. Dents de scie ! Pays de fous où je crève et renais vingt fois par jour, par nuit. Je travaille à des " dérisions et Vertiges " (envoyé un gros manuscrit à Gallimard, qui va sans doute le refuser - lettre de Grosjean " peiné ", scandalisé !) et à des vides, des " trous ", des vrais, dans la page. Vers où, vers quoi ?
J'avais aimé ton livre ce cheval* qui n'a pas fini de ruer en nous. Et puis t'écrire... Le temps, la mort, la Vie. Miracle quotidien aussi, il faut bien l'avouer. Jean, je suis au plus bas, et puis heureux aussi, de plus en plus dépouillé, sûr, perdu.
Ecris, sois chic, Jean, j'attends un signe. Cœur et trépas !

Jean

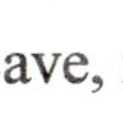

Il fait si noir dans cette cave, mais la mer, la mer...

* Le Cheval dans la ville

Texte de la lettre du Père Jean Déjeux à Jean Pélégri
à la suite de la mort de Jean Sénac

Le Père Jean Déjeux
5 Chemin des Glycines
ALGER

Le 1er Octobre 1973

Cher Monsieur,

Le Cardinal Duval me transmet votre lettre du 15 septembre, que vous lui aviez envoyée. Monseigneur vous a adressé quelques mots, mais je tiens à vous écrire. J'étais un ami de Jean ; je suis spécialiste de la littérature maghrébine de langue française et je viens de publier un gros volume de 500 pages qui contient précisément un chapitre sur notre ami.

La nouvelle de son assassinat nous a catastrophés ainsi que tous les amis. J'avais vu Jean huit jours avant, chez lui. On sait maintenant qu'il a été tué le 30 août, qu'il a dû rester un jour ou deux ainsi, la police de toute façon n'a annoncé la mort à la presse que le 4. “ Officiellement ” il s'agit d'un crime crapuleux. Le meurtrier a été arrêté ; la nouvelle a paru dans la presse. Il s'agit d'un gars de 19 ans. Quel est le motif exact ? ? ? ?

La mort de Jean est une perte considérable.

Je suis allé à la morgue le jour de l'enterrement, le 12. Le testament était chez les de Maisonseul. Jean demandait à être enterré dans un cimetière près de la mer. Finalement nous avons choisi celui d'Aïn Benian (Guyotville). J'ai dit une prière à la morgue, en français : le De profundis, le Notre Père, et une oraison que j'ai composée moi-même en fonction de l'itinéraire et de la poésie de Jean. Nous étions quelques-uns : les de Maisonseul, le fils adoptif de Jean (Jacques Miel et sa femme), Nathalie et une secrétaire de chez Gallimard. Au cimetière de Guyotville il y avait à peu près 60 personnes. La police n'avait pas voulu que l'annonce de l'enterrement soit notifiée dans la presse (l'assassin n'a été arrêté que quelques jours après).

Il y avait là environ la moitié d'amis algériens. Inhumation en silence, selon la volonté de Jacques Miel (non croyant). J'aurais voulu ou lire un poème ou demander que l'on récite une prière. Non. Nous avons mis les fleurs directement sur le cercueil, et nous sommes restés là tout le temps pendant lequel les ouvriers remplissaient la fosse de terre.

Rien dans la presse, sinon l'annonce. Comme Jean était homosexuel, comme ses émissions avaient été interdites à la RTA il y a un an ou deux, etc. tout le monde fait la sourde oreille. Sénac connaît pas ! C'est profondément lamentable. Des jeunes poètes voudraient que le nom de la rue Elisée Reclus soit débaptisé pour l'appeler Jean Sénac, mais je doute fort qu'ils parviennent à leur but.

J'ai parlé de Jean au Cardinal car je le connaissais bien. C'était un excellent ami, cordial, dynamique, formidable. J'ai relu son œuvre. Je classe ses papiers (du moins ceux qui sont chez les de Maisonseul ; j'ai vu d'ailleurs votre nom en effet). Nous n'avons pas encore les papiers, les affaires et manuscrits qui étaient dans sa chambre. Nous les rendra-t-on ? Quand ? Comment ? D'autres archives sont chez des amis en France. Il y a un comité littéraire désigné par Jean dans son testament.

J'espère qu'au jugement de l'assassin personne ne salira la mémoire de Jean. Tout est possible dans ce monde. Nous veillerons aussi à ce qu'elle ne soit pas étouffée. Pour l'instant beaucoup font comme s'ils n'étaient pas concernés. C'est bien connu ici. Pas d'histoire ; on ne sait pas...

Il y a eu un " papier " dans *Le Monde* par Péroncel-Hugoz, ancien correspondant du journal ici, maintenant au Caire depuis juillet.

Je prie le Seigneur qu'il comble Jean au centuple, lui qui cherchait une " terre possible ", qui voulait être " nommé ", puisque son père l'avait abandonné (le vrai). Et il reprenait du reste les paroles de l'Evangile : " Père pourquoi m'as-tu abandonné ? " mélangeant l'humain et le divin, croyant peut-être que Dieu aussi l'avait abandonné, pensant trouver dans certaine voie érotique le salut. Mais Jean était meilleur que ce qu'il croyait lui-même. Le combat est fini pour lui : le combat avec l'Ange. Il est connu et aimé à part entière, lui qui aimait tant les amis et le monde et qui pourtant portait une solitude profonde en lui. Jean était *plus* que de bonne volonté. C'était un éveilleur et un passionné. L'amitié chez lui était véritablement amour des autres, sincèrement.

Merci pour votre lettre.

Et en vous priant de croire, Cher Monsieur, en l'assurance de mon sincère dévouement.

Jean Déjeux

Poème inédit de Jean Pélégri écrit le mardi 3 Juillet 1962

… le mardi 3 juillet 1962 -
Pour que le bonheur participe
à la joie.
J. P.

LE JARDIN DE L'INDÉPENDANCE

On ne présentera personne
On entrera à pas légers
On ira sous le cerisier
Dans l'odeur du géranium

Il y aura dans l'air des fumées
Des cris d'enfants dans les impasses
Tout se dissoudra dans l'espace
Comme la menthe dans le thé

On respirera le rosier
On parlera à mots discrets
Et dans l'ombre du cerisier
Chacun se dira : c'est l'été

On se passera les cerises
Dans les grands paniers d'osier
Quelqu'un parlera de la brise
Qui souffle l'été sur les blés

Il y aura l'odeur du jasmin
Des rires de femmes entre les branches
Elles viendront du fond du jardin
Tenant la jarre sur les hanches

Ce sera le soir sur la baie
Le ciel changera le cyprès
Les nuages seront orangés
Chacun pensera : c'est la paix

On entendra un air de danse
On parlera de l'Algérie
Des Aurès de la Kabylie
On regardera en silence

Un arbre vert contre un mur blanc
Puis une étoile vers l'Orient
La lune en son premier quartier
Aux cinq branches du cerisier

On se posera des questions
Celles de l'homme et des saisons
On parlera du lendemain
Et l'un dira pour tous ses frères :

Quand on a partagé la terre
On peut partager le jardin

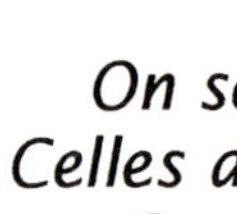

LISTE DES DOCUMENTS

Achevé d'imprimer sur les presses
de l'Imprimerie l'Artisan
Douzi I N° 23 BP 225 16.110.
Bab Ezzouar. Alger